AF349926

GRANDE AFFAIRE!

LETTRE A UNE AMIE

A LA MÊME LIBRAIRIE

GRANDE AFFAIRE !

LETTRE A UNE AMIE

PAR

M. CHARLES CLAIRVILLE

PARIS

TRESSE, ÉDITEUR

8, 9, 10, 11, GALERIE DU THÉATRE-FRANÇAIS

PALAIS-ROYAL

1882

LA FIANCÉE...................... Mlle B. Baretta, de la Comédie-Française.

GRANDE AFFAIRE!

Quelle nouvelle, ma chérie,
Aujourd'hui je viens t'annoncer.
Devines-tu ?... Je me marie !
A peine si j'ose y penser.

Ne va pas en parler encore,
Cela n'a rien d'officiel.
Censé, moi-même je l'ignore ;
N'en parle pas au nom du ciel !

Je ne le sais que par surprise:
Cette grave décision,
Je ne dois de l'avoir apprise
Qu'à ma seule indiscrétion.

Tu sais bien, mon père et ma mère,
Depuis longtemps tu les connais.
Tu connais bien leur caractère :
Ils n'ont pu s'entendre jamais.

Or, vois si j'étais étonnée :
Eux qui toujours criaient, hélas!
Devant moi, toute la journée,
Maintenant ils parlaient tout bas.

Je trouvais cela bien bizarre
Et pensais : quelque événement
Peut-être pour moi se prépare...
Ça m'intriguait énormément.

Et l'autre soir qu'avec mystère
Ils venaient de se retirer,
J'ai pris le parti de tout faire
Pour arriver à m'éclairer.

A leur porte j'ai mis l'oreille ;
C'était mal... A la vérité,
A confesse on avait, la veille,
Absous ma curiosité.

Tout d'abord, un profond silence :
Puis, la nature ayant repris
Sur eux son empire, je pense,
J'entendis bientôt de grands cris.

De l'autre côté de la porte,
On discutait, on discutait ;
Chacun de sa voix la plus forte
Argumentait, argumentait.

Les mots me parvenaient sans suite :
Notaire... régime dotal...
Santé... parents... chère petite...
Décoré... rentes... capital...

Par testament... mort... héritage...
Il était, à n'en plus douter,
Question de mon mariage;
J'avais bien le droit d'écouter.

Comprends-tu ce qui dans ma tête
Doit se passer en ce moment?
Une véritable tempête,
Chère amie. — Ah! quel changement!

Dame! c'est une grande affaire.....
Tu sais, la messe se fera
A Saint-Augustin, je l'espère....
Je crois que maman pleurera.

Pauvre mère! — C'est à l'église
Que je veux du monde surtout...
Et des fleurs. — Qui sera surprise?
C'est Berthe : elle disait partout

Que je serais sa demoiselle
D'honneur. Certes, c'est un emploi
Charmant, et je compte sur elle
Pour le remplir auprès de moi.

Je vais donc entrer dans la vie,
La voir du côté sérieux...
Berthe aura de la jalousie—
Rien qu'un dîner, cela vaut mieux,

N'est-ce pas? Oh! pas de soirée :
C'est une fatigue qu'un bal ;
On est bien assez fatiguée
Ce jour-là. — D'ailleurs, c'est banal

De danser; de plus, l'on s'abîme,
Ma robe sera d'un tel goût
Que la froisser serait un crime.
C'est le blanc qui me va surtout,

Bien mieux que toute autre nuance :
Alfred mon cousin, me l'a dit.
Il s'y connait. — Oh ! quand je pense,
Que de choses j'ai dans l'esprit !   .

Car c'est grave le mariage.
Songe donc, ma chère, un beau jour,
Quelqu'un de plus dans le ménage :
Me voilà maman à mon tour.

Un bébé dont il faudra faire
Un homme, un homme sérieux :
Quelle tâche pour une mère !
Il s'appellera Jack : c'est mieux

Avec C. K. — Je le souhaite
Brun... Moi, sur l'éducation
J'ai mon opinion bien faite,
Et je crois mon système bon.

Au sérieux je prends mon rôle...
Enfin ! seule je sortirai.
J'aurai mon jour — ce sera drôle —
De tout, partout, je parlerai.

Je pourrai paraître comprendre
Tant de choses que, bien longtemps,
J'ai pris l'air de ne pas entendre
Pour faire plaisir aux parents.

Adieu, journal des demoiselles !
Je lirai le livre du jour,
Je verrai les pièces nouvelles
Où j'entendrai parler d'amour.

En tout, travail, plaisir, toilette,
Mon mari seul est consulté :
Je n'en ferai plus qu'à ma tête....
Comme c'est beau la liberté !

Mais ce mari qu'on me destine ?

Tu vas me demander son nom.

Dame ! il faut que je le devine :

Je ne l'ai pas entendu — non.

A travers la porte, chérie,

Certains mots parvenaient très mal...

Mais je sais que l'on me marie,

Et, vois-tu, c'est le principal !

FIN

Imprimerie générale de Châtillon-sur-Seine. — Jeanne Robert.